O GÊNIO CRIADOR

CLEUSA KAZUE SAKAMOTO

O GÊNIO CRIADOR

Casa do Psicólogo®

ALL® BOOKS

1ª Edição
2004

Editores
Ingo Bernd Güntert e Myriam Chinalli

Assistente Editorial
Sheila Cardoso da Silva

Produção Gráfica e Capa
Renata Vieira Nunes

Editoração Eletrônica
Nair Fernandes da Silva

Revisão
Luis Carlos Peres

Dados Internacionais de Catalogação na Publicação (CIP)
(Câmara Brasileira do Livro, SP, Brasil)

Sakamoto, Cleusa Kazue
O gênio criador / Cleusa Kazue Sakamoto. — São Paulo: Casa do Psicólogo®, 2004.

Bibliografia.
ISBN 85-7396-399-9

1. Criatividade 2. Eros (Divindade grega) 3. Gênio
4. Pensamento criativo 5. Psiquê (Divindade grega) I. Título.

04-7994 CDD- 153.35

Índices para catálogo sistemático:
1. Gênio criador: Psicologia 153.35

Impresso no Brasil
Printed in Brazil

Casa do Psicólogo® Livraria e Editora Ltda.
Rua Mourato Coelho, 1059 Vila Madalena 05417-011 São Paulo/SP Brasil
Tel.: (11) 3034.3600 E-mail: casadopsicologo@casadopsicologo.com.br
site: www.casadopsicologo.com.br

A meus alunos,
Com os quais sempre aprendi
valiosas ações.

SUMÁRIO

PREFÁCIO

Dulce Critelli[*]

Quando diz que *"o homem foi criado para que no mundo houvesse um começo"*, Santo Agostinho reconhece que o dom que distingue os homens de todas as demais criaturas é o de dar uma nova ordem ao que já existia antes dele. Em outras palavras, o dom de iniciar algo novo. Hannah Arendt retoma esta idéia de Santo Agostinho e chama de *condição humana da natalidade* a esse talento de instaurar o novo com a sua simples existência. Vir ao mundo, nascer, é já trazer consigo e introduzir no mundo uma reorganização. Essa qualidade se revela como característica dos homens, e que vai persistir, portanto, até a sua morte. Só ao morrermos é que se encerra essa condição e esse poder de rearranjar a existência e os destinos tanto próprios, quanto os da humanidade.

É a intuição desse mesmo dom que dirige Cleusa Sakamoto neste pequeno e saboroso livro, e que ela chama de Gênio Criador. Uma consideração especulativa que

* Professora titular da Faculdade de Filosofia da PUC – São Paulo e articulista do caderno "Equilíbrio", do jornal *Folha de S. Paulo*.

se encontra com a narrativa e a análise do mito de Eros e Psiquê. O dom de descobrir caminhos, brechas, de desocultar possibilidades, de inovar as maneiras de se lidar com as coisas e com os outros, com as adversidades e armadilhas, com os desejos e com as aspirações. Não há um gênio criador que trabalhe sem finalidade. Ele nunca cria a esmo, sem uma direção, sem um sonho ou um fim que o provoque. Portanto, não há gênio criador que já comece pelo gesto de criação, mas por se sentir chamado por alguma coisa, por um acontecimento que ainda-não-é, mas precisa ser. Melhor dizendo, o gênio criador começa respondendo a um chamado. Começa com a curiosidade.

Não há criação possível sobre o nada. É a vida que vivemos, concreta e palpável, com suas urgências, incongruências, problemas e necessidades que oferece ao nosso dom de criar o seu assunto, seus materiais e seu motivo. O gênio criador precisa de um mundo e de uma situação em que habite para ser convocado e se manifestar. Mas, também precisa se deixar convocar e querer responder a essa convocação.

Todos somos portadores do gênio criador, ele não é qualidade de poucos e escolhidos. É o dom que nos torna humanos e que revela a nossa divindade especial.

Nossa cultura, entretanto, tão apaixonada pela técnica e pelo controle de todas as coisas, transformou (na verdade, rebaixou) o gênio criador à condição de mera competência. A competência não é mais do que um procedimento padronizado e impessoal, um agir cujo resultado é previsível e totalizado de antemão, sem criatividade. Assim, enquanto o gênio criador nos diferencia uns dos outros, por implicar no fato de que cada um, a seu modo, descubra saídas diferentes para as circunstâncias vividas, a competência nos aplaina e iguala.

O gênio criador sempre promove o imprevisível, o não esperado, o inusitado... e desconcerta. Dele depende o milagre da vida e do ser. O milagre de sermos nós mesmos.

O importante, nesta obra, além de nos fazer pensar sobre o quanto esquecemos de nosso próprio gênio é que, com uma linguagem simples e acessível, mas existencialmente rica, ela consegue falar a todos nós, indiscriminadamente.

APRESENTAÇÃO

Somos Gênios?
Criadores?
Somos Criadores sim.
Inventamos o mundo!
A agricultura, a escrita, a roda, o telefone, o foguete!
Somos Gênios!

Habitualmente, o ser humano enfrenta um paradoxo –
considera-se indiscutivelmente realizador,
ao mesmo tempo em que identifica
a Criatividade como possibilidade privilegiada de certos indivíduos.
Daí o questionamento:
Somos Gênios Criadores?

Ser Gênio é *ser* criador,
na medida em que "saber ser" permite Criar,
e Criar com a essência do Ser transforma o Ser em Gênio.
O Ser que é "ele mesmo", Cria e se torna Gênio.

Os assuntos que mobilizam a nossa necessidade de comunicação, se assemelham a melodias que nos acompanham por toda a vida. Como as canções de ninar que aconchegam o sono e nos levam a sonhar, os temas que nos despertam a atenção sobre os quais queremos buscar explicações, parecem velhas canções que precisamos reeditar.

Falar sobre Criatividade, assim se apresenta para mim – uma melodia que me aconchega o anseio de compreender quem sou e que sempre me surpreende com novas realidades como as dos sonhos que tenho.

O desejo de falar de Criatividade, portanto, não pode ser dissociado da necessidade que tenho de continuar estudando o assunto, o que tem oferecido a oportunidade concomitante de desenvolver o meu potencial criativo. E não pode ser dissociado da necessidade de ser compreendida, independentemente da concordância ou não dos pontos de vista e conclusões apresentados. Falar é um ato que implica relacionamento humano. Viver implica inter-ação e a criação só acontece em condições de relacionamento. O vínculo com pessoas é fundamental na atividade de criar.

Para dialogarmos a respeito de qualquer assunto, é necessário haver no processo de busca de conhecimento, daquele que procura com os outros com quem ele se encontra, um diálogo pleno ou uma troca genuína com um *reconhecimento* de tudo que é humano e que pode ser traduzido em uma variedade de maneiras e/ou conteúdos, dos materiais ao de natureza sensível. Entendo que a busca do conhecimento se configura num processo de procurar e encontrar e novamente buscar, do construir e ampliar incessante, quando há convívio humano. Criar é um ato conjunto, sempre, quer quando o outro participa de modo aparente, ativo, ou quando participa de algum modo subjacente, indireto, sem o saber. Criamos porque somos seres de relacionamento. Criamos com qualidade humana, apoiados nas relações humanas. A criatividade humana basicamente se traduz na construção do mundo humano e da construção de uma identidade ou de um Eu. Tudo que construímos e/ou que constituímos, no conjunto deste empreendimento do viver, depende de nosso Gênio Criador.

O "Gênio", sinônimo de Ser Criativo, é entendido como alguém extraordinário para o seu tempo e lugar. Ele extraordinariamente revela a potencialidade humana de **ser** e de **fazer**. Gênio é aquele que se mostra singular, único, que inova, renova, inaugura um novo horizonte a partir da apresentação de novos objetos, pensamentos, atitudes ou fatos.

Temos, na História da Humanidade, grandes Gênios Criadores nas diversas áreas do viver humano – cientistas, artistas, religiosos, políticos, por exemplo. Lembrados em todos os tempos, se tornaram modelos para a humanidade, pois introduziram parâmetros referenciais de conhecimento ou realização humana. Do ponto de vista da evolução de nossa espécie humana, eles foram mestres que impulsionaram o nosso desenvolvimento.

Da Vinci, Bach, Einstein, Freud, Gandhi entre outros, foram consagradamente geniais! Estes indivíduos e tantos outros que reconhecidamente contribuíram para o nosso desenvolvimento humano por meio de suas obras ímpares, deram forma, cor, melodia, significado, direção, função, expressão ou algum sentido de existência, àquilo que pensavam e realizavam, isto é, transformaram o seu potencial criativo em produtos visíveis. Com suas obras, eles próprios se transformaram em seres reconhecidamente ímpares ou GÊNIOS CRIADORES, a partir do potencial transformador que operaram. Sabemos que outros seres vivos também são criativos, mas o Gênio é de natureza humana – somente o ser humano em sua atividade criadora constitui uma individualidade que é singular e desenvolve uma consciência de si mesmo; somente o ser humano constrói, além de seu mundo, um modo de ser e de viver.

O Gênio é aquele ser que é capaz de transformar o seu potencial criativo (inerente ao ser vivo) em produto evolutivo, no plano da vida pessoal e sociocultural; o Gênio cria a si próprio e o universo que habita, se constitui como ser social e membro de sua cultura. Isto quer dizer que como seres humanos temos um potencial criador e como seres humanos criativos podemos buscar nossa genialidade, procurando compreender e utilizar os processos transformadores que nos tornam únicos na experiência de viver. Ser alguém genial não é sinônimo de fama e notoriedade, embora pessoas notáveis e famosas sejam, via-de-regra, geniais, de fato.

Cada existência humana é singular e quando existem condições mínimas, naturalmente caminha na direção da manifestação do Gênio Criador que cada um de nós pode vir-a-ser. Somos Gênios Criadores freqüentemente anônimos, em termos dos grandes grupos humanos e em geral, inconscientes frente a nós mesmos. Somos Gênios

Criadores, que construímos cada minuto do nosso viver e que no processo de busca de sermos nós mesmos, isto é, de sermos genuínos, manifestando nossas potenciais peculiaridades, descobrimos o sentido de humanidade que possuímos e a necessidade de compartilharmos, com nossos semelhantes, nossa natureza e cultura.

O potencial criador é a base de toda atividade humanizada. Criar é fazer! O Gênio Criador é a manifestação do potencial de ação por meio de uma identidade que o realiza, que o atualiza. O Gênio Criador, portanto, con***funde***-se com a personalidade que cria, com a ação que é realizada e tudo que possa estar implicado na situação que envolve seu processo e com o produto criado. Como na lenda das Mil e Uma Noites, o Gênio da Lâmpada Maravilhosa de Aladim era escravo do desejo-necessidade e soberano na realização de suas ações. Aladim e a Lâmpada Maravilhosa é uma metáfora incomparável para ilustrar o potencial de realização que toma parte da vida.

O Gênio de Aladim representa o poder de fazer tudo o que se deseja; representa o poder de ação que por sua grandiosidade é visto personificado, retratado em uma imagem de um ser fantástico que possui características humanas. O Gênio *pertence* a seu Amo e se submete às determinações de seu Senhor. O Gênio, ainda, habita um lugar incomum, uma Lâmpada, aquele "lugar" de onde tem origem a luz que ilumina e dá existência a tudo, ao todo, ao mundo.

É interessante conhecermos Aladim apresentado por Sherazade. Segundo as narrações geralmente encontradas, Aladim era filho de um alfaiate que queria lhe ensinar seu ofício. Jovem adolescente, ele não queria trabalhar no ofício do pai e era conhecido por todos porque não trabalhava e vivia pelas ruas. Seu pai morreu cedo e, logo depois disso, Aladim foi procurado por um Mago que se dizia mercador. O Mago descobrira uma caverna que continha uma Lâmpada Maravilhosa na qual havia um Gênio com poderes jamais imaginados. Era bastante comum naquela época os Magos possuírem objetos, em geral anéis, que tinham poderes extraordinários. Estes objetos eram dotados de "Gênios", isto é, de "seres" em estado imaterial, como uma espécie de essência ou "espírito" que possuíam poderes de ação e concretização de intenções ou desejos. Os Gênios realizadores que habitavam estes objetos se manifestavam materialmente e realizavam os desejos de seus Amos.

Na história de Aladim, o Mago precisava de uma pessoa de caráter exemplar para entrar na caverna que guardava a Lâmpada Maravilhosa, pois apenas um indivíduo com estas condições teria o poder de entrar na caverna e tirar de lá a Lâmpada Maravilhosa. O Mago foi informado de que Aladim poderia ser esta pessoa. Então, precisava persuadir Aladim a buscar a Lâmpada Maravilhosa e depois ludibriá-lo para tomar posse da Lâmpada. A história transcorre mostrando o encontro de Aladim com o Gênio da Lâmpada e as realizações decorrentes dos desejos de Aladim e dos poderes do Gênio. Aladim se casa com a princesa de seu reino, e como era bastante generoso distribuía sua riqueza ao povo em algumas situações. A narrativa da estória descreve as qualidades do protagonista, mas não explicita a genialidade presente no nome de Aladim, já que ALÁ-djin[1] quer dizer o espírito de Alá, o espírito do Criador ou o espírito criador.

Aladim e a Lâmpada Maravilhosa mostram que o potencial humano de realização criadora depende do espírito criador, do impulso criativo ou a chama "divina" que habita todo ser vivo e que se associa a um Gênio poderoso e fiel, que personifica a capacidade construtiva de conduzir o potencial transformador da ação humana. *Aládjin* não queria ser alfaiate, fazendo de sua existência simplesmente uma repetição da vida familiar. Ele tinha "algo" que o diferenciava como pessoa e o tornava exemplar, um ser único – possuía propósitos verdadeiros de buscar ser ele mesmo; sendo assim, estava apto a entrar na rica caverna que guardava a Lâmpada Maravilhosa ou no mundo potencial que guarda a possibilidade realizadora do Eu e seu Gênio, trazendo-os para a realidade.

Aládjin quando penetra a esfera da realidade criadora e se apropria da Lâmpada Maravilhosa, permite a manifestação do Gênio que possibilita alcançar aquilo que almeja e que lhe dá sentido de viver. *Aládjin* depois de estar à busca incansável de si mesmo, encontra o seu Gênio Criador e, a partir de então, não vive mais sem ele e, depois disso, *fica para a história da humanidade!*

Falar das Mil e Uma Noites nos põe em estado de encantamento, mas falar sobre o Gênio Criador, requer esclarecer certos pontos delicados que envolvem sua discussão.

---

[1] **Djin** em árabe, no Glossário Teosófico de Helena P. Blavatsky (1995, p.150) é "Elemental; espírito da Natureza; gênio".

É necessário dizer, em primeiro lugar, que este livro tem o propósito de trazer um debate salutar sobre o fenômeno criativo. Não pretende esgotar o assunto ou reduzi-lo e não quer se opor a outras propostas de compreensão da Criatividade, mas buscar um diálogo na tentativa de aprofundar o entendimento do potencial humano criador.

Sendo assim, desejo sinceramente que este livro possa contribuir para um útil questionamento acerca da genialidade humana, que geralmente é considerada como algo privilegiado de domínio de alguns poucos seres humanos talentosos.

Considero que a genialidade humana opera fundamentalmente apoiada na singularidade potencial de cada ser e na experiência de viver, incluindo, assim, o processo pessoal de existir e o desenvolvimento individual.

O talento inato pode indiscutivelmente favorecer a expressão do Gênio Criador, mas solitário na realidade pessoal ele nada pode produzir. A genialidade é fruto de um conjunto harmonizado de fatores determinantes e não se distingue apenas por obras primas consagradas. A genialidade consiste na qualidade de realizar feitos humanos que são únicos, próprios a uma individualidade humana e que constituem o existir daquele que realiza. A genialidade emerge na rede de relações inerentes ao existir humano, com suas raízes físicas, psíquicas e socioculturais em íntima associação.

É importante lembrar que "Ser você mesmo" é algo genial, na mesma medida em que encontrar o seu jeito de viver, ou do *Fazer* aquilo que envolve o seu viver, é extraordinariamente **sem igual**, algo ímpar, G ~ e ~ n ~ i ~ a ~ l !!!

A DEFINIÇÃO DE CRIATIVIDADE

Criatividade é uma *palavra* usada para designar conceitos muito diferentes. Atualmente, é uma palavra que participa do nosso cotidiano em inúmeras ocasiões em boa parte dos vários ambientes que freqüentamos. É um vocábulo da atualidade, que freqüentemente quer designar algo muito distinto, de acordo com o ponto de vista de quem o utiliza.

Muitas vezes, observamos que a Criatividade é referida como **ação**, muitas vezes a vemos traduzida como **potencial**, algumas vezes como sinônimo de **um tipo específico de pensamento**, muitas e muitas vezes é considerada **um tipo de solução positiva para uma situação cotidiana ou excepcional.**

Ao ser cientificamente estudada, a Criatividade é considerada um fenômeno humano complexo que é conhecido através de quatro aspectos habituais de sua manifestação: 1 – do ponto de vista da **pessoa** criativa, 2 – do ponto de vista do **processo** criativo, 3 – do ponto de vista do **produto** criativo e, 4 – do ponto de vista das **influências** ambientais.

Diferentes autores de acordo com a sua perspectiva (teórica e/ou prática), conceituam Criatividade a seu modo e a vinculam a uma determinada aplicação, dependendo da área de sua atuação profissional. Contudo, é importante lembrar que *não se trata* de relacionarmos várias "Criatividades", mas de concebermos e articularmos o que dela é concebido, com especificidade, considerando sempre que estamos abordando "uma" de suas faces de modo peculiar e parcial.

O artista refere-se à Criatividade como algo espontâneo e singular, que habita sua vida e que não está subjugada ao seu Eu; o artista toma a Criatividade como ação que ressoa no Eu sem que a ele se renda, como um inquilino prestimoso que se apropria temporariamente de um espaço de ser. Para o artista, não é necessário explicar a Criatividade, ou entendê-la.

O cientista, em contrapartida, aborda a Criatividade com mais reserva. Muitas vezes, sem se dar conta, busca ter um domínio do seu conhecimento, para que através dele possa minimizar o desconforto de sua intrigante autonomia. Sente dificuldade ao estudar a Criatividade quando não tem consciente alguma intimidade com o seu relacionamento. O cientista deseja se apropriar de um conhecimento sobre o assunto para desvendá-lo e poder compreendê-lo e explicá-lo.

O educador, por sua vez, parece mostrar uma postura menos definida na convivência com o assunto. Existem aqueles que consideram a Criatividade um elemento integrante do aprendizado e da pessoa humana e, muitas vezes, não encontram apoio em seus grupos, para encaminharem seus projetos de ensino-aprendizagem. Por outro lado, vemos aqueles que estimulam a atividade criadora sem o saberem, na medida em que algumas vezes se utilizam de concepções e ações criativas, denominando-as como pedagogias. E existem aqueles que não levam em conta o potencial criativo no contexto da aprendizagem.

Para o cidadão comum, a Criatividade é percebida *como um clímax*, um acontecimento que possui um "auge" – "é o máximo!"; é algo excepcional, inusitado e quase sempre inexplicado, que se mostra útil e goza de algum destaque positivo. Algumas expressões verbais do cotidiano sinalizam isto, como por exemplo: "Ficou ótimo, muito criativo!" ou, "Nossa! Está lindo, diferente!" ou, "Como pôde pensar nisso?" Vemos, geralmente, um fato admirado e que não é compreendido e não é explicado.

Finalmente, para a *pessoa* criativa independente de seu ofício, desde que ela se considere criativa, a sua atividade criativa sempre se mostrará como algo que faz parte dela, assim como uma outra característica ou recurso pessoal. Às vezes, procurará explicar para si mesma algum resultado obtido, porque necessita saber mais sobre o conhecimento de si própria, outras vezes reagirá com extrema naturalidade a um produto ou resultado inovador. A pessoa criativa mostra segurança em relação a este aspecto de si mesmo, não se constrange frente à experiência peculiar e em geral não se exige explicá-la (embora goste de entendê-la). Dependendo de quanto já exercitou seu Potencial Criativo, geralmente se lançará às experiências com abertura interior e despreocupação com a obtenção de resultados. A pessoa criativa ***vive*** a sua possibilidade criadora, sem necessariamente precisar entender ou explicar sua *experiência,* embora não desconsidere as oportunidades de compreender aquilo que vivencia; ela conhece o seu potencial criador na intimidade, ainda que não tenha uma satisfatória consciência a seu respeito.

Neste horizonte de possibilidades, é interessante dialogarmos acerca da Criatividade, com o propósito de buscarmos um aprofundando em seu entendimento, já que isto pode nos trazer muitos ganhos para a compreensão da vida e desenvolvimento humanos.

A Criatividade humana está na base da própria evolução da humanidade. Através de sua atividade criadora, o homem foi constituindo modos de vida e construindo a realidade humana. Através da atividade criativa, o ser humano foi modelando seu potencial de desenvolvimento pessoal, social e cultural, atualizando a sua natureza de ***Ser*** em processo.

Dentro deste prisma de visão, consideramos a Criatividade, enquanto capacidade humana de realização, enquanto possibilidade de produzir respostas e soluções, de gerar e manter processos, como a "capacidade mais requintada que o ser humano desenvolve e exercita" (Sakamoto, 1990)[2].

Enquanto expressão humana, a Criatividade manifesta na ação o fundamento de construção e desenvolvimento

---

[2] SAKAMOTO, C. K. *Livres Associações sobre o Estado de Crise Emocional – uma perspectiva de compreensão psicodinâmica da capacidade criativa.* São Paulo: 1990, 88 p. Dissertação (Mestrado) – Instituto de Psicologia, Universidade de São Paulo.

que são inerentes à vida. Criar é trazer presente o **viver humano**, na essência daquilo que o constitui – a permanente transformação na perspectiva de um processo de continuidade da existência humana.

Podemos dizer, então, que "**Criar** *é o verbo por excelência do existir humano*, já que Criar é para o ser humano o mesmo que existir e o mesmo que evoluir. É sempre construir e expressar para os seres humanos e, o mesmo que ampliar a consciência do ser, do sentir e do agir. É penetrar o universo das infinitas possibilidades e, a partir desta experiência, modelar parcelas de realidade, trazendo à luz da consciência, verdades humanas" (Sakamoto, 1999, p. 26)[3].

---

[3] SAKAMOTO, C. K. *A Criatividade Sob a Luz da Experiência: a busca de uma visão integradora do fenômeno criativo*. São Paulo: 1999. 296p. Tese (Doutorado) – Instituto de Psicologia, Universidade de São Paulo.

O PONTO DE PARTIDA DA CRIAÇÃO HUMANA

Embora o potencial criativo seja inerente à natureza humana, pois dele dependem a manutenção da vida e o desenvolvimento humano e, a ação criadora seja originalmente espontânea, a atividade criativa deve ser desenvolvida em interação com as influências do ambiente.

Todo ser humano é *potencialmente* criativo, contudo a manifestação deste potencial está vinculada a ocorrências de seu processo de desenvolvimento global que *depende da influência do ambiente*. Do Potencial ao Gênio, há um percurso que deve ser cumprido.

Pode ocorrer que a Criatividade se mostre, em alguma circunstância ou ambiente, muito inibido e revele impedimentos ao desenvolvimento global do indivíduo. Neste caso, teremos a constatação de estados patológicos ou de grande prejuízo na vida de expressão e relacionamento humano. O ser criativo expressa seu potencial no mundo em que vive, manifesta o que lhe torna singular na rede de relacionamentos que possui, o que em outras palavras quer dizer que o ser humano manifesta sua Criatividade a partir da *sua* singularidade e *na* condição da pluralidade do existir humano.

As primeiras ações criadoras do ser humano em sua existência, são neste sentido: 1 – a constituição de uma noção de que somos *alguém*, ou a construção de uma noção de identidade pessoal; 2 – a representação mental do mundo que habitamos, ou a constituição de uma noção do mundo que nos circunda. Estas duas "criações" iniciais permitem ao ser humano articular uma relação entre o Eu e o mundo, que estão na base da construção e manutenção da existência, garantindo o estabelecimento de uma adaptação ao ambiente, que encontra um sentido de realização pessoal e está vinculado a um sentimento de bem-estar.

Donald Woods Winnicott (1896-1971), psicanalista inglês, nos apresenta interessantes compreensões sobre a Criatividade, sugerindo o conceito de *Espaço Potencial*[4] para trazer o entendimento de um "lugar" e das coordenadas que permitem a expressão do potencial criativo. O autor postula a existência de um terceiro *espaço de experimentação* da vida do ser humano, além da realidade interna e da realidade externa.

Freud e sua psicanálise, ofereceu uma importante contribuição ao entendimento da vida psíquica, quando propôs estudar o inconsciente e aprofundou a visão do mundo interno *subjetivo*, em contraste com o mundo externo da realidade *objetiva.* Winnicott ampliou esta visão, introduzindo a existência de um terceiro *espaço* ou uma terceira realidade, que é intermediária entre a realidade interna e a realidade externa e, na qual, participam tanto

[4] WINNICOTT, D. W. *O Brincar e a Realidade*. Trad. José Octávio de Aguiar Abreu e Vanete. Rio de Janeiro: Imago, 1975.

uma quanto a outra, havendo uma sobreposição de ambas. Denominando-o *Espaço Potencial,* relacionou-o com o "lugar" do qual se origina a experiência criadora.

Segundo o autor, neste lugar de vida e relacionamento, encontram-se sediados o brincar da criança, as artes, a religião, o viver imaginativo e o trabalho científico criador. O *Espaço Potencial* que inicialmente é representado pelo relacionamento do bebê e sua mãe, "não é a realidade psíquica interna. Está fora do indivíduo, mas não é o mundo externo" (Winnicott, 1975). O Espaço Potencial é o "lugar" no qual os fenômenos externos são usados a partir de alguma amostra derivada da realidade interna, ou o lugar no qual existe uma expressão pessoal que se manifesta como potencial onírico ou a serviço do sonho; simultaneamente existem a expressão de elementos subjetivos e o uso de recursos presentes na realidade objetiva. Neste "lugar" de relacionamento e experiência, o ser humano experimenta algo que "não é um sonho", mas é "dominada pelo sonho", que é expressão peculiar de seu Eu, mas que também está apoiada nos contornos do mundo externo deste Eu, portanto não pertence exclusivamente ao mundo interno ou tampouco ao mundo externo, mas é permeada pelo mundo externo e pelo mundo interno ao mesmo tempo.

Em outras palavras, para Winnicott é no Espaço Potencial de experiências que se sobrepõem realidade pessoal e vida compartilhada ou realidade externa, condição que dá suporte a ocorrências de fenômenos específicos que representam ao mesmo tempo o Eu e seu mundo, ou o Eu e o Não-Eu. No Espaço Potencial localizam-se as experiências criadoras, que expressam a intimidade potencialmente criativa do ser humano e sua vida compartilhada espelhada na realidade objetiva. Lá, a individualidade se encontra e se funde ao externo, num gesto de singular produção integradora.

O Criar neste prisma, só acontece a partir de um *Eu no mundo*, isto é, a partir de uma organização peculiar do *ser humano*, na sua *vida de relacionamento* com a realidade externa. O Criar depende, então, de um ***Ser*** Eu numa rede de relações reais e significativas ***no*** mundo. O Criar depende em algumas singelas palavras: do Eu em Inter-*ação*.

FUNDAMENTOS DA CRIATIVIDADE NO MITO DE EROS E PSIQUÊ

Segundo Rocha (1999)[5], no Mito podemos apreciar um simbolismo contido na narrativa e, neste sentido, podemos a ele recorrer como alternativas econômicas que nos auxiliam na compreensão de elementos e processos fundamentais da vida humana.

No Mito de Eros e Psiquê podemos encontrar uma compreensão pluridimensional da Criatividade apoiada no Amar e no Saber, ou na afetividade e no conhecimento, representados respectivamente por Eros e Psiquê. A união entre o amor e a determinação de Eros e a curiosidade, conhecimento e esforço ou coragem de Psiquê, esclarecem as bases da atividade criadora que pode, até mesmo, se perpetuar no tempo e alcançar a imortalidade, na obra criativa.

O Mito de Eros e Psiquê remete-nos a uma possibilidade de interpretação da Criatividade enquanto função integradora da vida psíquica, que gera prazer ou satisfação por sua realização.

[5] ROCHA, E. (1985) *O que é mito*. São Paulo: Brasiliense, 1999.

Encontramos no enredo, que o envolvimento de Eros e Psiquê possibilitou a transformação de Psiquê – que era mortal em uma deusa imortal – depois que Eros intercedeu por ela junto a Zeus, em nome de seu amor. A Criatividade que depende tanto de Eros ou da afetividade, quanto de Psiquê ou da racionalidade, na integração entre afeto e razão, pode transformar a condição efêmera da razão tornando-a perene, estável ou atemporal, imortal.

Considero ainda, que a Criatividade pode ser apreciada no Mito a partir da identificação de seus elementos fundamentais – seu ***impulso*** criador e seu ***processo*** criativo e na perspectiva das obras originadas que representam uma perpetuação da vida. O fenômeno criador pode ser compreendido neste enredo, a partir da reunião de elementos essenciais como o amor, a curiosidade, o conhecimento organizado e a determinação, que são manifestações derivadas de um ser humano autônomo que possui vida emocional, recursos intelectuais e estabelece um intercâmbio produtivo com o seu ambiente.

O Mito permite uma leitura da trama na qual vemos a magnitude do Amor, do Sentido e da Atividade Criativa compondo uma tríade original capaz de explicar o inesperado no processo do viver. Vemos na tríade Amor, Significado e Criatividade, a importância do elemento de conexão entre o Sentir e o Fazer que é dado pelo Pensar e que no enlace criador entre Eros e Psiquê oferece ao acontecimento da obra criativa, tanto conquistas individuais (para Eros que se emancipa de sua condição adolescente e para Psiquê que se torna deusa imortal), quanto uma realização do par criativo que é a filha Volúpia.

O Mito de Eros e Psiquê[6] (relato abreviado)

Segundo a narrativa do Mito, Psiquê era a mais moça de três filhas de uma família real, que tinha uma rara beleza, de tal perfeição, que causava uma extrema admiração àqueles que a conheciam. Por sua beleza inigualável, cresciam rumores de que era uma nova Vênus, enfeitada com a flor da virgindade, que recebia a mesma adoração devotada à deusa da beleza – Vênus. Os templos de Vênus ou Afrodite tornavam-se vazios na medida em que à Psiquê eram dirigidas as preces, que imploravam a augusta divindade.

Tomada de cólera pelos cultos à virgem mortal, Afrodite chamou seu filho Eros e lhe encarregou da vingança de fazer com que Psiquê fosse possuída de ardente amor pelo derradeiro dos homens, miserável e abjeto.

Eros ou Cupido, sendo o deus da união, em seu primeiro encontro com Psiquê, quando ia cumprir os mandos de sua mãe, pareceu não ter resistido ao grande poder de atração e admiração que Psiquê era capaz de despertar e se apaixonou por ela. Provavelmente, por ser divino, Eros não ficou apenas a contemplar Psiquê como faziam geralmente os mortais. Eros provavelmente tenha penetrado o conhecimento da essência pessoal de Psiquê, "advinhando"-lhe suas qualidades e poderes. Psiquê espelhava as qualidades que eram fundamentais em Eros, de levar à superação de obstáculos e à realização de feitos previamente não imaginados.

---

[6] APULEIO, L. *O Asno de Ouro*. Trad. Ruth Guimarães. Rio de Janeiro: Ediouro, 3ª edição.

Psiquê, embora tivesse uma beleza sem igual, não tirava nenhum proveito de seus encantos, pois todos a contemplavam mas ninguém desejava desposá-la; todos os homens admiravam sua face de deusa, mas como uma obra de arte perfeita. Suas irmãs, de beleza comum, ao contrário, tinham realizado brilhantes casamentos.

Psiquê parecia uma deusa, por se mostrar peculiarmente bela e ser extraordinariamente coerente em sua natureza humana; por outro lado, chorava seu abandono e solidão, já que nenhum homem – rei, príncipe ou plebeu – a desejava desposar.

O pai de Psiquê, suspeitando haver contra a filha alguma celeste maldição, foi procurar o oráculo de Apolo, que lhe disse que Psiquê deveria ser entregue sobre o rochedo escarpado para núpcias de morte, para se casar com uma criatura monstruosa, que não tinha uma origem mortal, que voava pelos ares e que não poupava ninguém; Apolo apresentou a descrição de Eros, que não fora decifrada pelo pai de Psiquê e, ao contrário, encheu-o de pesar e impotência.

Sob um clima de luto, Psiquê foi levada em cortejo até o rochedo e pediu que eles se fossem, pois tinha pressa de consumar a união, com o "nobre" esposo a ela destinado. Os pais retornaram ao palácio e Psiquê, apavorada, não parou de chorar; então, foi envolvida pelo doce hálito de Zéfiro, que com tranqüilo sopro a levou suavemente até o leito de uma relva florida, onde adormeceu.

Depois do sono reparador, Psiquê acordou e viu um bosque cujo interior havia um palácio. Entrando no palácio examinou atentamente cada detalhe e, espantada, ouviu uma voz destituída de corpo que lhe dissera que todo aquele esplendor a ela pertencia. Aquela voz e outras mais, se diziam seus escravos, cantaram em coro, tocaram cítara e lhe serviram iguarias abundantes. Psiquê reconheceu neste tratamento uma divina providência. Após o jantar, foi se deitar.

Era noite avançada, quando escutou ruídos e estremeceu por sua virgindade, quando seu esposo desconhecido se aproximou e a fez sua mulher. O esposo, antes que surgisse o dia, partiu, retornando habitualmente todas as noites para o encontro de prazer, que consolava Psiquê em sua solidão.

Os pais de Psiquê consumidos pelo luto, envelheciam sem tomarem conhecimento dos rumores da vida feliz de Psiquê, que se espalhavam ao longe. Suas irmãs, por outro lado, souberam de tudo.

Eros que embora não pudesse ser visto pela esposa, mas podia ser ouvido e tocado, avisou-a que havia um perigo mortal que a ameaçava, e do qual ela deveria ser alertada. Avisou-a que suas irmãs a procuravam e que chegariam ao rochedo para lamentarem sua falta e que caso ela lhes respondesse, iria causar uma grande dor a ele e provocar o maior dos desastres a si mesma.

Psiquê empenhou-se a atender a vontade do esposo mas sucumbia aos prantos, até que Eros lhe disse: "Faze o que queres, e satisfaz, para desgraça tua, as exigências do seu coração." Contudo, insistia Eros na recomendação, de que ela não deveria procurar conhecer a figura de seu marido, mesmo que suas irmãs lhe dessem o conselho de fazê-lo, pois esta curiosidade a impediria de continuar a tê-lo.

As irmãs dirigiram-se ao rochedo onde Psiquê havia sido abandonada e lá choravam e chamavam por seu nome.

Psiquê, trêmula, pede à Zéfiro que traga suas irmãs. Ao se encontrarem, as irmãs se abraçaram e se sentiram alegres por estarem juntas. Psiquê mostrou-lhes as riquezas de sua casa, ofereceu-lhes um luxuoso banho, apresentou-lhes os criados e ofereceu-lhes uma refinada mesa.

Diante de tanta riqueza celestial, as irmãs de Psiquê começaram a nutrir pensamentos de inveja, e uma delas começou a insistir em perguntar quem era o seu marido, dono das divinas maravilhas a que assistira. Psiquê não deixou escapar o segredo de seu coração, presenteou as irmãs com colares de pedrarias e chamou Zéfiro para as reconduzirem à casa delas.

As irmãs, ao confirmarem que o marido de Psiquê era um deus, sentiram-se devoradas pelo fel da ardente inveja. Consideraram, então, que com a crescente intimidade e a força do amor, o deus seu esposo a levaria a torná-la uma deusa, o que já se mostrava bastante provável mediante a existência de vozes que são suas escravas e a autoridade que possuía sobre o vento.

As duas irmãs uniram-se, assim, para encontrarem um plano que destituiria Psiquê de sua abundância, já que necessitavam castigar o seu orgulho. Decidiram omitir dos pais que Psiquê encontrava-se viva e feliz, tirando-lhes a esperança.

Nos encontros noturnos, o desconhecido marido fez novas advertências à Psiquê, pediu-lhe que não respondesse nada sobre ele e mencionou que ela estava gerando uma criança em seu útero; disse-lhe, então, que a criança seria divina se ela soubesse calar e conservar os segredos do casal, ou seria mortal se ela os profanasse.

As irmãs voltaram a se encontrar, e as duas mais velhas adulando Psiquê, voltaram a lhe perguntar sobre a identidade do marido. Psiquê descreveu-o de modo contraditório e elas consideraram que possivelmente Psiquê desconhecia a figura do marido porque seguramente era um deus, seu esposo. Diante de tal revelação, no encontro seguinte, as irmãs com fingidas lágrimas nas faces, dirigiram-se à Psiquê dizendo-lhe que ela era feliz porque desconhecia a sua desgraça e os perigos de sua ameaça, a de estar casada com uma horrível serpente, que furtivamente repousava a seu lado à noite.

Impiedosamente, as irmãs concluíram o astuto plano contra Psiquê dizendo-lhe que quando em seu ventre seu precioso fruto chegasse à plenitude, ela se tornaria mais atraente e seria devorada. Portanto, ela deveria escolher se queria escapar da morte e voltar com as irmãs ou ter o destino de se encerrar nas entranhas de um animal cruel.

Em sua ingenuidade, Psiquê trêmula confirmou para suas irmãs que nunca vira a face de seu esposo. Frente a cândida fragilidade de Psiquê, as irmãs lhes indicaram uma solução, a de levar consigo à noite uma navalha bem afiada e uma lamparina, aguardar o momento de sono de seu esposo e cortar-lhe o pescoço com um vigoroso golpe.

Ao cair da noite ela arranjou os preparativos do crime e depois que seu amado adormeceu, pegou a lâmpada e a navalha e desvelou, na claridade, os segredos de seu leito – viu o próprio deus alado a seu lado. Fascinada pela divina beleza do marido, admirou cada detalhe de sua graciosa presença. Admirou também as armas de Cupido e com o polegar provou a ponta de uma flecha, que delicadamente sangrou e a levou a sentir ardente amor e desejo pelo Amor. Embora temesse acordá-lo, beijou-o avidamente, quando uma gota de óleo fervente caiu da lâmpada no ombro direito do deus. Eros com a queimadura acordou, viu sua fé maculada, saiu dos braços de sua esposa e voou em silêncio. Psiquê desesperada atirou-se no rio, que com indulgência a devolveu à margem.

As irmãs ao tomarem conhecimento do ocorrido, conduziram-se ao rochedo esperando que Eros as pudesse desejar; lá se laçaram ao ar para serem conduzidas por Zéfiro e caíram no abismo e morreram.

Psiquê estava à procura do esposo e avistando um templo pensou que poderia ser a habitação de seu senhor. Era o templo de Ceres que nada pôde fazer por ela. Depois esteve no templo de Juno que também se recusou a ajudá-la. Finalmente, encontrou-se com Afrodite, que a recebeu com ira e humilhou-a dizendo que seu casamento com Eros não era legítimo e que seu filho com ele, seria espúrio. Afrodite despedaçou-lhe as vestes, arrancou-lhe os cabelos, machucou-a cruelmente e, mandando trazer grãos de trigo, cevada, milho, papoula, ervilha, lentilha e fava, misturou-os todos, ordenando que Psiquê separasse o monte confuso das sementes até o entardecer.

Psiquê, em um silencioso estupor frente aquela desumanidade, nem as mãos estendeu. A humilde formiga teve compaixão de Psiquê e maldiçoou a crueldade de Vênus; convocou o exército de formigas da vizinhança pedindo-lhes piedade para a esposa do Amor que estava em perigo. Apressadamente, cada uma delas separou grão por grão repartidas por espécies e foram embora. Quando Afrodite retornou no começo da noite, admirou-se com o trabalho realizado e pensou que foi

Eros que a ajudou; atirou-lhe um pedaço de pão e foi-se deitar.

Antes do amanhecer, Afrodite chamou Psiquê e lhe ordenou que cumprisse uma outra vontade – recolher um floco de lã dourada de ovelhas que pastavam sem pastor junto a um rio que banhava a vegetação de um bosque.

Psiquê pôs-se a caminho para se atirar ao rio, buscando um fim para suas desventuras, mas um verde caniço, origem de sons melodiosos de inspiração divina, com a presença da brisa lhe sussurrou um aviso profético: deveria aguardar a passagem do extremo calor do meio-dia quando as ovelhas reagiam a ele com temerosa raiva e atacavam os seres humanos para matá-los; ao diminuir o calor do sol, as ovelhas se apaziguavam e no bosque vizinho podiam ser encontrados flocos de lã de ouro presos nos ramos da vegetação.

Psiquê seguiu com atenção as instruções recebidas e recolheu facilmente o tosão de ouro para oferecer a Afrodite. Mas o sucesso desta segunda prova, ainda não pôde ser reconhecido e Afrodite propôs uma outra tarefa para averiguar a alma corajosa e a prudência inigualável de Psiquê. Ela deveria dirigir-se ao cume de um escarpado rochedo e lá recolher um pouco de água gelada da nascente de uma fonte de água negra, que no vale vizinho se transformava nos Pantanais do Estige.

Psiquê dirigiu-se ao alto da montanha para encontrar ao menos o fim de sua vida, pois percebeu que o rochedo era inacessível (liso e íngreme) e haviam à direita e à esquerda das encostas, dragões sanguinários que não vacilavam jamais. Psiquê estava paralisada, apenas de corpo presente e sem o consolo das lágrimas.

Como os olhos da boa Providência sempre enxergam as penas da alma inocente, de repente, surgiu a ave real de Júpiter que se dirigiu à Psiquê, depois em meio às ameaças e com uma invenção – que estava à serviço de Afrodite, recolheu um pouco da água. Ao receber o jarro, Afrodite sentiu-se afrontada devido o cumprimento das ordens por Psiquê e disse-lhe que ela parecia uma grande feiticeira versada em ações maléficas. Disse-lhe então, entregando-lhe um baú, que ainda havia um serviço que ela deveria prestar: o de descer aos infernos e pedir a Perséfone (ou Proserpina) que lhe enviasse um pouco de sua formosura, uma quantia diária, para que ela pudesse se recompor daquilo que gastou cuidando de seu filho ferido. Psiquê compreendeu que a lançavam sem disfarce para a morte.

Sem hesitação dirigiu-se a uma alta torre para dela se atirar, acreditando que este seria o caminho mais próprio para descer aos infernos. Mas a torre subitamente começou a falar e lhe perguntou por que ela procurava a sua destruição frente a este derradeiro trabalho e derradeira prova, já que uma vez separada do corpo o espírito iria sem volta ao fundo do Tártaro. Prosseguindo, deu-lhe todos os detalhes do caminho e dos procedimentos para chegar até a casa da deusa da morte. Psiquê deveria chegar a uma cidade, descobrir a entrada para o caminho das trevas, levando consigo um pedaço de bolo de farinha de cevada, vinho e mel e duas moedas em sua boca; deveria, ao se encontrar com um burriqueiro e seu burro coxos, não lhe dirigir nenhuma palavra e, chegando ao rio da morte diante de Caronte, o barqueiro, deveria dar-lhe uma das moedas como pagamento pela travessia, mas de modo que Caronte a tomasse de sua boca com suas próprias mãos; na travessia não poderia atender ao pedido de um ancião que lhe suplicaria que o puxasse para o barco; depois da travessia iria encontrar uma armadilha de Afrodite – velhas tecelãs que pedirão um auxílio, para que ela lhes entregasse um dos dois bolos que levava e que seriam necessários, ambos, para apaziguar o cão de três cabeças que guarda a casa de Perséfone, um ao entrar e outro ao sair; ao se encontrar com a própria deusa, não deveria aceitar se sentar na macia poltrona oferecida e aceitar o repasto, mas deveria se sentar no chão e pedir um pedaço de pão grosseiro e depois de comer, deveria dizer o que a trouxe lá e tomar o apresentado; depois de passar pelo cão dando-lhe o segundo bolo e feita a travessia depois de dar ao barqueiro a segunda moeda, enfim, veria novamente o céu e escutaria os coros siderais. Então, mencionando a mais importante das recomendações, a torre falou à Psiquê que se guardasse da curiosidade e não tentasse abrir a caixa que traria, mantendo o respeito pelo divino tesouro.

Psiquê cumpriu exatamente todos os passos e suas exigências e, ao reencontrar a branca luz do mundo, apesar da pressa em chegar ao fim da prova, uma curiosidade se apoderou de seu espírito e ela decidiu abrir a caixa que transportava, para pegar um pouco da beleza que imaginava que nela havia, para agradar o seu amado. A caixa que não continha nenhum sinal de beleza, sendo aberta deixou em liberdade um sono do Estige, que a tomou inteira num colapso e a colocou deitada imóvel como um cadáver.

Eros recuperado de seu ferimento, não podendo suportar a longa ausência de Psiquê, com um vôo mais rápido que nunca, foi ao encontro de sua amada afastando com cuidado o sono e fechando-o novamente na caixa. Então, com uma inofensiva picada de uma de suas flechas, despertou Psiquê e, dizendo-lhe que mais uma vez ela foi vítima da própria curiosidade, recomendou-lhe que terminasse a missão determinada por sua mãe.

Psiquê apresentou-se à Afrodite com o presente de Perséfone, enquanto Eros foi até Júpiter apresentar sua súplica para que Psiquê fosse aceita como sua esposa. Júpiter decidiu atendê-lo com a exigência de que caso Eros encontrasse sobre a Terra outra mulher de beleza inigualável, iria oferecê-la ao deus pai.

Júpiter ordenou a Mercúrio para convocar uma assembléia com todos os deuses; neste evento, de seu trono se dirigiu aos deuses e pediu que todos apoiassem o término da vida adolescente de Eros, concordando com o seu casamento com Psiquê. Dirigiu-se então à Afrodite e pediu que não se entristecesse, pois ele tornaria o matrimônio legítimo.

Júpiter pediu a Mercúrio que trouxesse Psiquê e a ela lhe ofereceu um copo de ambrosia; dirigindo-se a ela disse-lhe que Eros jamais se desembaraçaria dos laços que o ligavam a ela, que suas núpcias seriam perpétuas e ela, desde aquele momento, se tornaria imortal.

Naquele instante foi servido um banquete nupcial e Psiquê passou, conforme os ritos, às mãos de Eros e, no momento devido, nasceu uma filha de nome Volúpia ou Prazer.

O enlace criador de Eros e Psiquê

Psiquê tinha uma beleza fascinante, talvez por se mostrar tão peculiar e ser extraordinariamente coerente;

despertava a admiração dos homens e desviava-lhes a atenção de Afrodite, a deusa da beleza. Contudo, nenhum dos admiradores desejava desposar Psiquê, limitando-se a admirá-la em sua rara beleza. Eros, ao conhecê-la, entretanto, desejou mais que admirá-la, desejou desposá-la, sentindo-se profundamente apaixonado. Provavelmente, o deus alado tenha reconhecido em Psiquê aspectos de si próprio, que instantânea ou intuitivamente percebeu-os revelados em sua "Alma" gêmea. Psiquê refletia uma singularidade ímpar, já que era capaz de inspirar ciúmes à uma deusa.

Eros ou Cupido, o deus da união, apaixonou-se por Psiquê, depois de ter penetrado o conhecimento de suas qualidades – sua grande habilidade de organização, seu senso de disciplina, sua admirável capacidade de superar limites e alcançar objetivos. Psiquê espelhava qualidades que Eros praticava em seu "ofício divino" ao estabelecer os vínculos amorosos entre os seres amantes. Atingindo os corações dos amantes, Eros levava-os à superação de obstáculos e à realização de feitos anteriormente não imaginados.

Eros representa o impulso de amar e a busca do encontro com o outro. Psiquê representa o dilema humano, a angústia de ser e conquistar, tornando concreta a busca responsável de realizar projetos, o desejo de encontrar o outro. Eros mostra o calor do sentimento e Psiquê o esforço da busca, da conquista, a coragem de enfrentar seus próprios limites.

O episódio de separação entre Eros e Psiquê marca um momento decisivo no relacionamento entre eles, e embora tenha trazido dor e sofrimento, culmina com um envolvimento mais profundo e definitivo, capaz de sacramentar o Prazer **divino**. Neste sentido, é interessante considerar que na separação, a atitude de humildade de Psiquê ao procurar Afrodite e lhe pedir auxílio para reencontrar Eros, isto é, o seu posicionamento claro daquilo que desejava e estava determinada a conseguir, foi determinante para que ela pudesse utilizar o seu potencial construtivo e expressar suas qualidades, que a levaram a resgatar o amor de Eros e conquistar sua imortalidade.

As qualidades apresentadas por Psiquê ao realizar as tarefas impostas por Afrodite, podem ser compreendidas como algumas das condições fundamentais necessárias à ocorrência da atividade criadora representadas pela "formiga", pelo "caniço", pela "águia" e pela "torre". O trabalho minucioso e incansável da formiga na tarefa de distinguir variados grãos, representa os aspectos do processo criativo quando estão em pauta o trabalho detalhado e ininterrupto que o desenvolvimento de um projeto criador exige. Os conselhos do caniço que é um vegetal bastante flexível e resistente utilizado para pescar e produzir balsas ou pequenas embarcações, salienta a postura de flexibilidade e resistência ou perseverança, que possibilitam enfrentar obstáculos poderosos no ato criativo. A águia que auxilia Psiquê a recolher a água que jorra do topo de uma montanha que é guardada por um dragão, representa as qualidades de uma poderosa visão, velocidade e capacidade de ação, que denotam a possibilidade de se alcançar uma visão diferenciada ou superior e se obter algo diferente do comum (água escura). Finalmente, a torre que representa o poder de construção da engenhosidade humana, aconselha novos caminhos e mostra passagens secretas ao Hades, também representa os processos visíveis e os não visíveis, ou os meios aparentes e aqueles subjacentes às formas habituais do pensar e agir; a torre mostra à Psiquê uma maneira de penetrar o mundo dos mortos, sem morrer, isto é, mostra-lhe que pode penetrar o desconhecido sem que isto lhe impeça de voltar ao mundo conhecido.

Psiquê sucumbe apenas à última das tarefas impostas por Afrodite, quando não resiste ao seu desejo de saber o que estava guardada na caixa de Perséfone, que era o sono da morte. Afrodite enraivecida pelos encantos de Psiquê sobre os homens, deve ter premeditado que esta tarefa seria infalível para vencê-la, já que ela como mortal não poderia enfrentar a ameaça da morte, sem tentar concretamente desvendar seu mistério e, provavelmente, falhar. Talvez por este motivo, o de que Psiquê estava diante da morte, que era um limite intransponível para ela que não era divina, Eros tenha ido a seu socorro e a salvado do "sono" de Perséfone, guardando-o novamente na caixa que foi recebida. Eros em sua divindade, pôde enfrentar e dominar a ameaça da morte, libertando Psiquê de suas limitações humanas mortais.

Psiquê ao visitar o Hades ou o mundo dos mortos e ter enfrentado sua fragilidade humana ou mortalidade, mostrou também sua inocência ao acreditar que nada havia de fatal na caixa de Perséfone. Psiquê pôde, sem o saber, provar para Eros que era inocentemente curiosa em sua natureza, conquistando o perdão de seu amado por tê-lo contrariado ao lhe desvendar sua identidade. Aliás, a imprevisível verdade desvelada por Psiquê de que se casara com um ser divino, é apenas o prenúncio de toda a trajetória que a torna deusa ou imortal. Psiquê em seu envolvimento verdadeiro com o amor essencial de Eros e sua necessidade de conhecer aquele a quem ama e com quem compartilha suas experiências mais sublimes de vida, abre os portais da criação genuína e passa a gozar da possibilidade atemporal do existir humano através do fazer criativo.

Eros em síntese, que é de natureza divina e se ocupa em reunir pessoas que se procuram, é o impulso de criar, é o encontro, é o afeto e seus derivados; Psiquê que é de natureza terrena, é o dilema humano, a angústia do ser, é o processo de se constituir, é o desejo do encontro, é a razão e seus recursos, é a coragem de enfrentar o próprio limite. Eros é o ponto de partida do acontecimento criativo: com a inspiração, a motivação, com o clima afetivo que dá suporte ao acontecimento criativo, pelo devotamento presente na criatividade que geram produtos e prazer. Psiquê remete-nos à experiência criadora: que se apóia na curiosidade, que reflete o dilema humano no existir e mostra a angústia de ser; que mostra a coragem de enfrentar obstáculos pessoais e externos; que introduz o desejo de encontrar a si mesmo e o outro; que se traduz no trabalho incansável e minucioso que exigem os projetos; que descobre e cultiva uma postura de flexibilidade e resistência ou perseverança; que exercita a visão superior que permite compreender com grande velocidade e alcance, distinguindo o que é incomum. Psiquê representa, ainda, a experiência criativa que inclui os processos visíveis e não-visíveis, os caminhos aparentes e os subjacentes às formas habituais de pensar e agir, que inclui a possibilidade de penetrar o mundo do desconhecido (inconsciente e potencial), sem excluir o mundo conhecido, real, consciente; Psiquê é aquela que gera o prazer que acompanha o processo, na experiência do fazer que concretiza metas e produtos. Para Psiquê é possível perpetuar as qualidades transformadoras do ser, por intermédio da afetividade (dirigida a Eros) que a sustenta.

O enlace criador de Eros e Psiquê conduz ao entendimento de que por intermédio da alma humana (Psiquê) no processo do viver e seu incessante vir-a-ser, a afetividade (Eros) é modelada em produtos, que exaltam os sentimentos de plenitude gerados pela conquista humana na experiência da realização criadora.

ALGUMAS PALAVRAS MAIS

Algumas palavras mais se mostram interessantes para uma breve conclusão sobre o Gênio Criador.

Para a dúvida se somos Gênios, a genuína resposta deve ser: – Gênios Criadores, nós somos.

Somos Criadores geniais que, ao longo de uma trajetória vital realizamos o que temos de melhor. Somos Gênios Criadores em oposição à nossa inconsciência inicial acerca do que nos é mais íntimo. Sendo importante lembrar que o Gênio não é um resultado instantâneo, a percepção da genialidade é instantânea!

O Gênio resulta de um processo de ser e viver na plenitude das possibilidades do indivíduo em seu universo compartilhado com o seu grupo humano. Ser Gênio é uma conquista. Ter o Gênio da realização em suas ações, resulta de um aprendizado a ser cumprido e que está apoiado no desenvolvimento particular de cada individualidade enquanto ser humano.

O Gênio em seu processo de desenvolvimento pessoal está diretamente relacionado às condições de vida de seu tempo e lugar. O Gênio em essência, não é aquele superdotado de talento específico para o desenho, a música, a literatura etc., o Gênio é aquele que se debruça sobre suas tendências individuais e esmera-se por aprimorá-las. Em primeiro lugar, o Gênio se distingue por sua sensibilidade em identificar aquilo que se mostra significativo em seu viver e utiliza sua capacidade de construção para concretizar a sua realidade própria.

Gênio é aquele que preserva em si o enlace criador de Eros e Psiquê, ou seja, é o ser humano que valoriza o seu potencial de saúde e desenvolvimento individual, que constituiu um Eu de acordo com as suas peculiaridades e constrói uma trajetória de existência que inclui decisões conscientes; Gênio Criador é aquele que "encontrou" sua "Lâmpada Maravilhosa" e como "Aladjin" aprendeu a se apropriar e utilizar seu impulso criativo realizador.

Viver é um acontecimento
que mescla
expectativas e o imprevisível.

Naturalmente implica escolher
e pode traduzir
o melhor que existe em cada pessoa.

MINI CURRÍCULO

Cleusa Kazue Sakamoto é psicóloga formada pela Universidade de São Paulo em 1980, possui mestrado em Psicologia Clínica e doutorado em Psicologia do Desenvolvimento Humano, ambos realizados no Instituto de Psicologia da Universidade de São Paulo.

Dedica-se desde 1981 à prática clínica em consultório particular, tendo trabalhado também como Psicóloga Clínica no Serviço de Atendimento Psicológico do Instituto de Psicologia da USP, onde exerceu também a função de Chefe Técnica de Equipe Clínica.

Tem dedicado seu trabalho também à docência universitária, sendo atualmente professora contratada da Faculdade de Psicologia da Universidade Presbiteriana Mackenzie e professora convidada da Universidade Anhembi-Morumbi, na qual ministra aulas de Criatividade para alunos dos cursos de especialização em Marketing.

A experiência na docência universitária tem sido bastante ampla, na área da formação do Psicólogo em psicologia Clínica e na função de pesquisador, na especialização em Arte, Comunicação e Marketing e, ainda, com a orientação e desenvolvimento de Projetos de Pesquisa. É autora de inúmeros artigos especializados sobre Criatividade. Coordena o site www.geniocriador.pro.br que representa uma iniciativa de seus projetos de caráter social.